BEI GRIN MACHT SICH IHR.
WISSEN BEZAHLT

- Wir veröffentlichen Ihre Hausarbeit, Bachelor- und Masterarbeit

- Ihr eigenes eBook und Buch - weltweit in allen wichtigen Shops

- Verdienen Sie an jedem Verkauf

Jetzt bei www.GRIN.com hochladen und kostenlos publizieren

Bibliografische Information der Deutschen Nationalbibliothek:

Die Deutsche Bibliothek verzeichnet diese Publikation in der Deutschen National-
bibliografie; detaillierte bibliografische Daten sind im Internet über http://dnb.d-
nb.de/ abrufbar.

Impressum:

Copyright © 2010 GRIN Verlag, Open Publishing GmbH
Druck und Bindung: Books on Demand GmbH, Norderstedt Germany
ISBN: 9783640597994

Dieses Buch bei GRIN:

http://www.grin.com/de/e-book/147723/recss-als-ganzheitliches-vorgehensmodell-
zur-softwareauswahl

Martin Semmann

RECSS als ganzheitliches Vorgehensmodell zur Softwareauswahl

Möglichkeiten und Grenzen

GRIN Verlag

GRIN - Your knowledge has value

Der GRIN Verlag publiziert seit 1998 wissenschaftliche Arbeiten von Studenten, Hochschullehrern und anderen Akademikern als eBook und gedrucktes Buch. Die Verlagswebsite www.grin.com ist die ideale Plattform zur Veröffentlichung von Hausarbeiten, Abschlussarbeiten, wissenschaftlichen Aufsätzen, Dissertationen und Fachbüchern.

Besuchen Sie uns im Internet:

http://www.grin.com/

http://www.facebook.com/grincom

http://www.twitter.com/grin_com

RECSS als ganzheitliches Vorgehen zur Softwareauswahl

Möglichkeiten und Grenzen

Vorname	Martin
Nachname	Semmann
Abgabedatum	01.02.2010

Inhaltsverzeichnis

Abkürzungsverzeichnis iii

1   Einleitung 1

2   Einsatzpotentiale und Grenzen in der Praxis 2

3   Beurteilung und Empfehlung zur Erweiterung 6

Literaturverzeichnis 8

ABKÜRZUNGSVERZEICHNIS

COTS	=	Commercial-Off-The-Shelf
RECSS	=	Requirements Engineering for COTS-based Software Systems
KMU	=	Kleine und mittelständische Unternehmen
SaaS	=	Software as a Service
IaaS	=	Infrastructure as a Service
PaaS	=	Platform as a Service
SOA	=	Serviceorientierte Architektur

1 EINLEITUNG

Die vorliegende Abhandlung betrachtet die Einsatzmöglichkeiten von Vorgehensmodellen zur Anforderungsgewinnung sowie den Abgleich von Anforderungen mit möglichen Commercial-Off-The-Shelf (COTS) Softwarepaketen. Im Fokus steht das von Carvallo, Franch und Quer (2008) entwickelte Requirements Engineering for COTS-based Software Systems (RECSS) Modell.

Die Autoren stellen an das RECSS-Vorgehensmodell den Anspruch, ein generalisiertes Modell zu sein, welches sich dadurch auszeichnet, dass es durch die Betrachtung der Interdependenzen und Restriktionen innerhalb der Softwarelandschaft des betrachteten Unternehmens eine bessere Auswahl von COTS-Systemen ermöglicht. Fraglich ist dabei, ob das Modell diesem Anspruch in unterschiedlichen organisatorischen Umgebungen sowie im Hinblick auf aktuelle Entwicklungen der IT-Branche gerecht werden kann. Im Bereich der organisatorischen Umgebung fällt die Betrachtung auf die Umsetzbarkeit des RECSS-Vorgehensmodells für Unternehmen unterschiedlicher Größe, da davon ausgegangen werden kann, dass gerade kleine und mittelständische Unternehmen (KMU) häufig nicht in der Lage sind, verschiedene Plattformstrategien zu evaluieren bzw. mehrere, sich teilweise gegenseitig ausschließende, Szenarien umzusetzen. Im Verlauf der Abhandlung wird gezeigt, dass der RECSS-Ansatz hinsichtlich der generellen Anwendbarkeit und dem Alleinstellungsmerkmal der Betrachtung der zugrundeliegenden Plattformstrategie zu hohe Anforderungen stellt und deshalb nur sehr eingeschränkt eingesetzt werden kann. Weiterhin ist davon auszugehen, dass im Rahmen der Entwicklung der IT-Branche zur Bereitstellung von Funktionen „on-demand" sowie neuen Modellen zum Softwareeinsatz, wie Software as a Service (SaaS) und Cloud Computing, das RECSS-Vorgehensmodell durch die steigende Komplexität nicht der Entwicklung zu schlanken, flexiblen Prozessen in Agilen Unternehmen standhalten kann (vgl. Schacher / Grässle 2006; vgl. Böhmann / Krcmar 2004; vgl. Weinhardt et al. 2009; vgl. Schmidt 2008).

Im Folgenden wird das RECSS-Vorgehensmodell kurz vorgestellt. Im Anschluss daran wird ermittelt, ob das Modell in der Praxis tatsächlich anwendbar ist und ob Entwicklungstendenzen für das Sourcing von Software mit dem Modell dargestellt und effizient umgesetzt werden können. Darüber hinaus wird betrachtet, ob ein Vergleich der Strategien zweckmäßig ist und gerade in Hinblick auf die Auslagerung von Anwendungen bzw. Funktionen sowie ganzer Infrastrukturbereiche zielführende Ergebnisse liefern kann. Im dritten Teil der Abhandlung wird eine abschließende Bewertung vorgenommen und es werden Vorschläge entwickelt, die durch Anpassungen des RECSS-Vorgehensmodells dessen Anwendbarkeit steigern können.

2 EINSATZPOTENTIALE UND GRENZEN IN DER PRAXIS

Das Vorgehensmodell des Requirements Engineering for COTS-based Software Systems ist durch ein vierschrittigen Ablauf gekennzeichnet. In einem ersten Schritt wird die Systemumgebung mit allen Abhängigkeiten und Beziehungen zu weiteren Systemen der betrachteten Applikationsarchitektur erhoben (vgl. Winter / Schelp 2005; vgl. Hafner et al. 2004). Diese Informationen werden zentral in dem Environmental Pattern Repository hinterlegt. Zusätzlich werden ausgehend von dem allgemein anerkannten Qualitäts-modell der ISO/IEC 9126-1 den Elementen Kriterien zugordnet, die von diesen direkt beeinflusst werden können (vgl. Behkamal et al. 2009; vgl. Jung et al. 2004). Dabei erfolgt auch eine Beurteilung, wie die Kriterien die qualitative Kenngröße beeinflussen (vgl. Carvallo et al. 2008).

In der zweiten Phase wird die Anwendungsdomäne ausgehend von der allgemeinen Zieldefinition in einzelne Teilziele heruntergebrochen. Dies geschieht, bis die Teilziele das Abstraktionsniveau den Unterkategorien des ISO/IEC Standards 9126-1 entsprechen. Diese Teilziele werden daraufhin mit den Abhängigkeiten, die im Environmental Pattern Repository hinterlegt sind, verknüpft (vgl. Carvallo et al. 2008).

Im Rahmen der dritten Phase werden Qualitätsmodelle für die zuvor definierten Teilbereiche nach ISO/IEC Standards 9126-1 definiert. Dabei wird zwischen Umgebungs- und Plattform Parametern unterschieden. Der Fokus liegt bei dem RECSS-Vorgehensmodell auf den Plattform Parametern, da hier ein Alleinstellungsmerkmal gegenüber anderen Vorgehensmodellen von den Autoren gesehen wird. In diesem Schritt werden verschiedene Plattformen für die einzuführende Software evaluiert. Die

Bewertung erfolgt dabei in einer Zuordnung als positiven oder negativen Einfluss (vgl. Carvallo et al. 2008).

Abschließend werden in einem vierten Schritt die zu Projektbeginn erhobenen Anforderungen mit den Anforderungen, die in den vorangegangenen Phasen entwickelt worden sind, abgeglichen und gegebenenfalls erweitert. Dabei werden die Anforderungen durch die wiederholte Betrachtung und die hierarchische Gliederung besser strukturiert, wodurch die Auswahl einer konkreten Software für die Anforderungen erleichtert wird (vgl. Carvallo et al. 2008).

Alles in allem bietet das RECSS-Vorgehensmodell also die Möglichkeit, Anforderungen an Software geordnet zu erheben und diese in der jeweils benötigten Granularität und im Unternehmenskontext darzustellen.

Es stellt sich also heraus, dass das RECSS-Vorgehensmodell ein weiteres Modell zur Auswahl von COTS Systemen ist, wie es sie schon in großer Anzahl gibt (vgl. Wayama / Far 2005; vgl. Alves / Finkelstein 2002). Das Alleinstellungsmerkmal, das Carvallo, French und Quer(2008) besonders hervorheben, ist die integrierte Betrachtung der Systemplattformen der jeweiligen Unternehmen. Dies soll es ermöglichen, eine Vergleichbarkeit verschiedener Plattformstrategien zu schaffen und ausgehend davon die beste Strategie im Einklang mit der Applikationsarchitektur auszuwählen (vgl. Carvallo et al. 2008). Dazu ist allerdings festzustellen, dass bspw. Zarnekow et al (2007) ebenfalls die gesamte Applikationsarchitektur bei der Softwareauswahl einbezieht. Dennoch ist vor dem Hintergrund, dass der Einsatz von COTS zumeist dadurch getrieben ist, schnell und kosteneffizient Anforderungen abzudecken, diese ganzheitliche Betrachtung mit einer umfangreichen Bewertung von nachrangigen Einflussfaktoren gerade für KMUs wenig relevant, da es in diesem Umfeld regelmäßig kaum Freiheitsgrade bei dem Einsatz unterschiedlicher Plattformstrategien gibt (vgl. Lin et al. 2006; vgl. Wayama / Far 2005; vgl. Keil / Tiwana 2005).

Die Autoren des RECSS-Vorgehensmodells schränken jedoch sogleich die Nutzbarkeit des Plattformvergleichs ein, da es in der Regel nicht möglich ist, die zugrundeliegende Plattform bei der Einführung einer neuen Software zu ändern, da sämtliche Applikationen der betrieblichen Systemlandschaft davon betroffen sind (Carvallo et al. 2008). Neben diesen Einschränkungen gibt es bei diesem Ansatz weitere Kritikpunkte, die die Umsetzbarkeit des RECSS-Vorgehensmodells in der Praxis stark einschränken. Dies betrifft besonders die Entwicklungen zu einer verstärkten Nutzung von sowohl Software als auch Plattformen und Infrastruktur mittels Cloud Computing (vgl. Berke / Kroker 2009, vgl. Weinhardt et al. 2009). Durch diese Art der Bereitstellung von Software, Plattformen und Infrastruktur als Dienstleistungen ergibt sich für Unternehmen die Möglichkeit, sich flexibel an sich ändernde Marktbedingungen bzw. Anforderungen anzupassen. Diese gesteigerte Flexibilität impliziert, dass Unternehmen Software unabhängig von bestehenden Restriktionen hinsichtlich Plattformen und Infrastruktur eingesetzt können. Idealtypisch kann derartige als Service bezogene Software im Rahmen einer serviceorientierten Architektur (SOA) eingebunden werden, da bei der Verwendung dieses Architekturparadigmas die Funktionen über Schnittstellen genutzt werden und durch Kapselung die konkrete technische Umsetzung verborgen bleibt (vgl. Erl 2008; vgl. Heutschi 2007; vgl. Pulier/ Taylor 2006; vgl. BITKOM 2008). Vor diesem Hintergrund können Dienstleistungen, die durch Cloud Computing bezogen werden, konsistent in die Unternehmenssoftwarearchitektur integriert werden. Durch diese gestiegene Flexibilität erhöht sich allerdings der Aufwand des Vergleichs unterschiedlicher Plattformen dramatisch, da nun nicht nur die Software anhand der Anforderungen evaluiert werden muss, sondern bei der Plattformstrategie auch die Möglichkeiten eines Bezugs als Dienstleistung besteht. Weiter erhöht wird die Komplexität dadurch, dass ebenfalls die komplette Infrastruktur „as a Service" bereitgestellt werden kann und somit auch in diesem Bereich eine Evaluation und Entscheidung erfolgen muss. Folglich sind bei einer konsequenten Anwendung des RECSS-Vorgehensmodells unter Einbeziehung neuerer technologischer Entwicklungen bei einer Softwareauswahl zugleich die gesamte dahinterliegende Plattform sowie die Infrastrukturstrategie des Unternehmens in Frage gestellt. Auf der einen Seite steigert dies die geforderte Flexibilität des Unternehmens beträchtlich, da Beschränkungen hinsichtlich zu verwendender Plattformen umgangen werden können. Auf der anderen Seite wird dadurch allerdings die Komplexität bei der Softwareauswahl stark erhöht, wodurch die Anwendbarkeit von RECSS gerade in KMUs erschwert wird, weil im Umfeld von KMUs COTS-Systeme eingesetzt werden, um schnell und möglichst kostengünstig benötigte Funktionen umzusetzen. Folglich ist der Aspekt der Komplexität bei dem RECSS-Vorgehensmodell als erfolgskritisch anzusehen, da durch die konsequente Erweiterung des Softwareauswahlprozesses um eine Evaluation der Plattformstrategie sowie konsequenterweise der

Infrastrukturstrategie hinsichtlich einer Infrastructure as a Service (IaaS) der Betrachtungsraum erheblich ausgeweitet wird (vgl. Winter / Schelp 2005; vgl. Schwinn / Schelp 2005). In diesem Zusammenhang ist davon auszugehen, dass die von Carvallo, Franch und Quer (2008) empfohlene Bewertung der einzelnen Plattformstrategien hinsichtlich betrachteter Kriterien mittels eines positiven oder negativen Einflusses dargestellt werden. Diese sehr abstrakte Beurteilung ist allerdings wenig zweckmäßig, wenn es um die Entscheidung für eine neue Plattformstrategie verglichen mit einer IaaS- oder PaaS-Lösung geht. In diesem Szenario muss eine sehr differenzierte Bewertung der Nutzenpotentiale erfolgen, die idealtypisch in einer monetären Darstellung subsummiert wird, um den direkten Vergleich zweier Plattformstrategien konsistent und nachvollziehbar zu gestalten. Dabei ist darauf hinzuweisen, dass gerade Funktionen „as a Service" dadurch gekennzeichnet sind, dass die Nutzung als solche bezahlt wird und somit ein Kostensatz als Bewertungsgrundlage vorliegt.

Darüber hinaus ist es fraglich, wie die Datengrundlage für einen Vergleich bereitgestellt werden kann. Im Bereich von COTS-Systemen werden die einzelnen Kriterien aufgrund der Produktbeschreibung der Hersteller bezogen. Dieses Vorgehen verfälscht allerdings die Bewertung der Systeme, da durch vertriebsorientierte Informationen gerade Einschränkungen der jeweiligen Lösungen eher nicht angegeben werden. Wird der Fokus auf Plattformen erweitert, so steigt der Informationsbedarf an und die Unsicherheit bezüglich der Verlässlichkeit der Informationen nimmt gleichsam zu. Als Lösung dieses Dilemmas kann intuitiv auf evtl. vorhandenes Wissen im Unternehmen zurückgegriffen werden. Dies ist im Bezug auf Software durchaus plausibel, da durch Mitarbeiterfluktuation Kenntnis anderer Systeme vorhanden sein kann. Fraglich ist allerdings, ob diese Informationen für eine Softwareauswahl ausreichend sind und in einer für den Vergleich geeigneten Form vorliegen bzw. dazu aggregiert werden können. Für den Bereich der Plattformstrategie und der Infrastruktur ist jedoch meiner durch Arbeiten in KMUs gesammelten Erfahrung nach davon auszugehen, dass keine verwertbaren Informationen vorliegen. Eine dritte Möglichkeit, das notwendige unabhängige Know-How zu erhalten, stellen externe Berater dar. Dieses Szenario ist jedoch durch zwei Aspekte beschränkt. Einerseits ist der Einsatz externer Berater zumeist kostenintensiv und es ist nicht davon auszugehen, dass das Know-How preisgegeben wird, ohne im weiteren Verlauf der Softwareauswahl und –einführung beteiligt zu sein. Außerdem sind gerade im Bereich mittelständischer Unternehmensberatungen Konzentrationen auf wenige Plattformen zu verzeichnen, weshalb auch an dieser Stelle kein detailliertes Wissen über sämtliche relevanten Marktakteure vorliegt.

3 BEURTEILUNG UND EMPFEHLUNG ZUR ERWEITERUNG

Zusammenfassend ist festzustellen, dass das ambitionierte Ziel von Carvallo, Franch und Quer (2008), ein Vorgehensmodell zu entwickeln, das den Softwareauswahlprozess um die Betrachtung der Plattformstrategie erweitert und dennoch handhabbar ist, als gescheitert anzusehen. Wie gezeigt wurde, steigt bei konsequenter Anwendung des RECSS-Vorgehensmodells die Komplexität durch verschiedene Veränderungen beim Sourcing von Software stark an, wodurch der Aufwand für eine Evaluation der Plattformstrategie sehr groß wird und insbesondere von KMUs kaum beherrscht werden kann. Es ist also wahrscheinlich, dass bei konsequenter Betrachtung der Plattformen im Rahmen des RECSS-Vorgehens der Aufwand für die Softwareauswahl den vermeintlichen Nutzen von COTS-Systemen aufhebt. Darüber hinaus ist es nicht möglich, die benötigten Informationen, die für eine fundierte Evaluation nötig sind, bereitzustellen. Von besonderer Bedeutung ist dies wegen der sich ändernden Bedingungen im Bereich der Plattformstrategien, weshalb nicht sichergestellt werden kann, dass der Aufwand zur Informationsbeschaffung ein einmaliger ist und das erworbene Wissen weiterhin Bestand haben kann. Diese hohe Unsicherheit ist, unabhängig von der Informationsbeschaffungsproblematik, ein Grund, weshalb die Nutzbarkeit stark eingeschränkt ist.

Weiterhin fehlt es dem RECSS-Vorgehensmodell an einer hinreichend mächtigen Darstellung der Ergebnisse des Plattformvergleichs. Einzelne Untersuchungsobjekte werden lediglich mit der Aussage „positiver Einfluss auf X" und „negativer Einfluss auf X" bewertet. Diese sehr primitive Vergleichsweise kann bei starren Softwarelandschaften genügen, die durch Restriktionen die Einsetzbarkeit verschiedener Plattformen per se einschränken. Wird allerdings der Fokus erweitert und der Bezug von Software als Service ermöglicht, ist eine monetäre Vergleichsgröße unabdingbar, um optimale Entscheidungen zu treffen, die nicht nur vor dem Hintergrund der Anforderungsabdeckung, sondern auch hinsichtlich ihrer Wirtschaftlichkeit optimal sind.

Insgesamt lässt sich festhalten, dass das RECSS-Vorgehensmodell ein Ansatz ist, der das Potential hat, durch einen ganzheitlicheren Blick auf den Softwareauswahlprozess an

Relevanz für Unternehmen zu gewinnen. Dies kann allerdings nur geschehen, wenn die genannten Schwächen behoben werden und die informatorischen Hürden für die Nutzung nachhaltig gesenkt werden, da der Sinn des COTS-Einsatzes gerade bei KMUs darin gesehen wird, dass der Aufwand zur Einführung und für den Betrieb überschaubar ist.

Ein möglicher Ansatz, um RECSS handhabbarer zu gestalten, ist eine Erweiterung des Modells um die „domain based COTS selection Method" von Leung und Leung (2002). Dies könnte im Rahmen der dritten Phase des RECSS-Vorgehensmodells geschehen, da hier die Anforderungen aufgespalten werden, bis atomare Anforderungen vorliegen. Darauf aufbauend kann der Domänenansatz implementiert werden, um eine auto-matisierte Vorauswahl zu betrachtender Systeme vorzunehmen (vgl. Leung / Leung 2002). Dies ist besonders unter Einbezug der Möglichkeiten des Cloud Computing sinn-voll, da nun in einem Best-of-Breed-Ansatz Funktionen zielgerichtet bezogen und orchestriert werden können und nicht eine Software eingesetzt werden muss, die nur Teile der Funktionen problemadäquat umsetzt.

Abschließend ist festzustellen, dass es Carvallo, Franch und Queer (2008) mit dem RECSS-Vorgehensmodell nicht gelungen ist, eine allgemeingültige und wiederverwend-bare Methode zu entwickeln, die insbesondere für KMUs geeignet ist und den An-forderungen sich ändernder Sourcing-Strategien genügt.

LITERATURVERZEICHNIS

Alves, C., Finkelstein, A., Negotiating Requirements for COTS-based Systems, in: proceedings of 8th Int. Workshop on Requirements Engineering: Foundation for Software Quality, in conjunction with RE, Essen, Germany, 2002

Behkamal, B., Kahani, M., Akbari, M.K., Customizing ISO 9126 quality model for evaluation of B2B applications, in: Information and software technology, 51 (2009) 3, 599-609

Berke, J., Kroker, M., Mobil in die Wolke, in: Wirtschaftswoche, 83 (2009) 52, 50

BITKOM, Service-orientierte Architekturen – Leitfaden und Nachschlagewerk, 2008

Böhmann, T., Krcmar, H., Grundlagen und Entwicklungstrends im IT-Servicemanagement, in: HMD – Praxis der Wirtschaftsinformatik, Meier, A., Myrach, T. (Hrsg.), 40 (2004) 237, dpunkt.verlag, 2004

Carvallo, J.P., Franch, X., Quer, C., Requirements engineering for COTS based systems, in: Symposium on Applied Computing, Fortaleza, Ceara, Brazil, ACM, 2008

Erl, T., SOA – Entwurfsprinzipien für serviceorientierte Architektur, Addison-Wesley, München, 2008

Heutschi, R., Serviceorientierte Architektur – Architekturmodelle und Umsetzung in der Praxis, St. Gallen, 2007

Jung, H.W., Kim, S.G., Chung, C.S., Measuring Software Product Qualities: A Survey of ISO-IEC 9126, in: IEEE software, 21 (2004) 5, 88-92

Keil, M., Tiwana, A., Beyond cost: the drivers of COTS application value, in: IEEE software, 22 (2005) 3, 64-69

Leung, K.R., Leung, H.K., On the efficiency of domain-based COTS product selection method. Information and Software Technology, 44(2002) 12, 703-715

Pulier, E., Taylor, H., Understanding enterprise SOA, Manning, Greenwich, 2006

Schmidt, H., Internetgiganten kämpfen um die Wolke, in: Frankfurter Allgemeine Zeitung, 2008, Nr. 98 vom 05.05.2008

Schwinn, A. , Schelp, J., Extending the Business Engineering Framework for Application Integration Purposes, in: Proceedings of the 20th Annual ACM Symposium on Applied Computing, Santa Fe, ACM Press, 2005

Wayama, T., Far, B. H., Towards Providing Decision Support for COTS Selection, in: Canadian Conference on Electrical and Computer Engineering (CCECE 2005), Saskatchewan, Canada, IEEE Computer Society, Los Alamitos, CA, 2005

Weinhardt, C., Anandasivam, A., Blau, B., Borissov, N., Meinl, T., Michalk, W., Stöße, J., Cloud-Computing – Eine Abgrenzung, Geschäftsmodelle und Forschungsgebiete, in: Wirtschaftsinformatik, 51 (2009) 5, 453-462

Winter, R., Schelp, J., Dienstorientierung im Business Engineering, in: HMD - Praxis der Wirtschaftsinformatik, Strahringer, S. (Hrsg.), 41 (2005) 241, dpunkt.verlag, 2005

Zarnekow, R., Uebernickel, F., Bravo-Sanchez, C.; Brenner, W., IT-Produkt-Engineering. In: WISU - Das Wirtschaftsstudium, o.Jhg. (2007) 7, 949-955